매혹의 지도

홍일표
시집

문예
중앙
시선
016

매혹의 지도

홍일표
시집

문예
중앙

시인의 말

대상과의 깊은 교유는 곧 귀신을 만나는 일이고,
단 한 번도 감각하지 못한 생의 숨결에
온몸이 젖는 것이다.

명왕성에 라일락이 피는,
혹은 457년 만의 두 행성의 충돌이라고 명명하고 싶은
그런 순간들이 있었다.
이 시집은 그 흔적의 기록이다.

차례

I부

수국에 이르다 12
저녁의 표정 14
무언극 16
이면의 무늬 18
모태 20
비상구 22
정전 24
원시인 26
뱀 이야기 28
너무 질긴 저녁 30
달항아리와 까마귀 31
눈사람 32
불 켜진 고양이 34
풍향계 36
안개 통신 38
매혹의 지도 40

2부

콘서트　44

역광　46

나는 수평선이 불안하다　48

비디오　50

모란 날다　52

고양이와 냉장고의 연애　54

의자氏의 하루　56

역사의 방법　58

혁띠와 뱀의 습성　60

텍스트　61

그림자 미술관　62

달빛 사용 설명서　64

위독한 연애　66

힐끗,　67

우주선　68

거미들　70

3부

독거 74

실종 76

나무 요리 78

무거운 병 80

없는 손 81

무거운 집 82

새의 행로 83

바퀴벌레 H씨의 행방 84

꽃 피는 밤 86

늙은 남자의 휘파람 88

검은 사막 89

유령의 시간 90

낙법 92

새의 기원 94

껌 95

물고기 발자국 96

회색의 눈 98

저수지 99

4부

시간의 영역 102

까마귀 전사 104

거울의 식성 106

418호 107

위험한 풍경 108

유리창 110

콜럼버스를 읽는 밤 112

누룽지와 박쥐 114

삐걱거림에 대하여 116

그림자 재고 정리 118

바퀴벌레를 읽다 120

나는 쥐구멍과 통화하고 싶다 122

시계를 먹는 고양이 124

명암의 방식 126

풍경의 질서 128

검은 숲 129

그림자의 문장 131

해설 전회와 진화와 귀환의 감각 · 유성호 132

일러두기

한 연이 첫 번째 행에서 시작될 때는 >로 표시합니다.

I부

수국에 이르다

솜사탕을 수국 한 송이로 번안하는 일에 골몰한다

솜사탕은 누군가 내려놓고 간 벤치 위의 따뜻한 공기
헐떡이다가 그대로 멈춘

수국은 수국을 통과하며 말한다

하늘에서 엎질러진 구름이 완성한 노래가
나무젓가락에 매달려 반짝이는 동안
구석에 쪼그리고 있던 햇살들이 손수건만 한 경전을 펼쳐 들기도 한다

땅속에서 캐낸 태양은 먹기 좋게 식어 있다
붉은 껍질만 잘 벗겨내면
달지 않은 수국 한 송이 꺼내
한 열흘 땅 위의 배고픈 그림자들을 먹여 살릴 수 있다

﹥

　멀리서 온 바람이 수국을 입안에 넣고 우물거리며 지나간다

저녁의 표정

아직 끝나지 않은 어제의 노래
둥글게 뭉친 눈덩이를 허공의 감정이라고 말할 때
돌멩이 같은 내일이 아이스크림처럼 녹는다
깊게 파인 공중에서 밤이 태어나고

눈덩이의 부피만큼 홀쭉해진 허공은 너무 질겨서 삼킨 사람이 없다

바삭거리던 나뭇잎이 공중에 몸을 밀어 넣을 때
저기 새가 날아가네
서쪽으로 기운 나무는
그것을 천 개의 손가락을 가진 바람의 연민이라고 말한다

바람이 남긴 죽은 새들과 함께
수런수런 모여드는 저녁
남은 허공을 쥐어짜면 새들의 울음이 주르르 흘러내리기도 하는

여기는 바닥에 노래가 새겨지지 않은 곳

표정 없이 자전거 바퀴살에 감겨 헛도는 하늘처럼

무언극

저 아래 한 사람이 지나간다

백 년 전 눈 위에 남긴 발자국이 그를 알아보고 따라간다 발자국은 몇 십 년 후 도착할 땅에 제 목소리의 문양을 미리 벽화로 그려놓거나 꽝꽝나무 열매로 뿌려놓는다

저 아래 개 한 마리 지나간다

수백 년 밖인 듯 짖는 소리가 들리지 않는 귀 밝은 낮

열 살 때 죽은 개와 저 개의 거리를 헤아리다 나는 개를 향해 짖어대는 어둠이 되기도 하고 어항 속을 떠다니는 지느러미 달린 노래가 되기도 하지만

발을 잘라먹은 눈 위의 발자국이 서둘러 녹고
발 없이 걷다가 공기 속에서 총총히 사라지는 사람들

>
 공중에 찍혀 있는 발자국처럼 명백하고 사뭇 모호하게

이면의 무늬

개가 개의 꿈에서 빠져나오는 동안
파도의 자세를 이해하는 것은 힘들고 위험한 일
공원의 가로등은 아무것도 결심하지 않았는데
불이 켜지네

겨울이 명백한 휴머니스트라고 말하지 않아도 눈은 내리고
가로등은 끊임없이 어둠의 중얼거림을 거절할 뿐이네
발꿈치에 다른 계절이 눈물처럼 스미는 것
천 년 전 바람이 남긴 말의 각질을 뜯어내며
질기고 딱딱한 공기의 살과 해후하네

나는 드라이아이스 같은 너의 노래를 들으며
여기는 최소한 거기가 아닌 곳이라고 중얼거리지만
여전히 촛불은 미완의 음악
따듯하게 응고된 슬픔을 어루만지며 조용히 견디는 것

그 사이 수차례 다녀간 눈과 비

봄과 겨울도 모르는 또 다른 목청의 노래가 발바닥이나 겨드랑이에 서식하는 걸
　아직 바다에서 빠져나오지 못한 파도는 알고 있었던 것이네
　5분간, 내가 읽지 않은 파도의 표정이 거듭 쓸쓸해지네

모태

시멘트 바닥에 나뒹구는 붉은 지렁이
몸을 꼬아보고 뒤집어보고
어쩌다 잘못 든 길

내 몸속으로 고물고물 지렁이 몇 마리 들어온다

가만히 앉아서
빗줄기를 거두는 마른 밭처럼

지렁이와 빗줄기

물로 빚은 노래의 다른 형식인 것
흙의 품을 향하는 동질의 슬픔인 것
구부러지고 끊어지면서 먼 길 가야 하는

토막 난 철삿줄을 본다
숨이 멎을 때까지 많이 버둥거렸을
끝이 뾰족한 한 생애를 본다

﹥
　그냥 돌아서지 못하고 다시 들여다보는
　붉은 기호
　탯줄 잘린 자리를 찾아가는 알몸의 빗줄기 같은

비상구

나비의 날개에 뼈가 생겼다고 생각하는 순간
꽃은 낙하를 결심한다
꽃잎은 공평하게 태양의 마음을 나누어 가진다

꽃의 스위치를 작동하는 흰 손이 구름 밖 먼 곳에 있는 건 아니다

아무도 소유하지 못했던 바람의 몸에서 뼈를 발라내도
지난 세기의 여진은 남아 핏줄을 타고 돌아다닌다

나비가 하나의 풍경에 골몰하여 뿔이 돋아나고
아직 이곳에 오지 않은 빗방울이 그리워질 때
나비의 몸에서 비의 발자국 같은 무수한 빗금이 발견된다

허공을 찢으며 폭발한 바람은 복잡한 회로의 머리카락을 타고
마음이 죽은 바위 속으로 밀항을 결심한다

>　숨구멍마다 백 년 전 허공이 눈멀어 살듯
　나비는 꽃향기가 오가는 길만 찾아다니다
　어느 날 자기도 몰라보는 꽃이 된다

　돌멩이 같은 허공의 틈새가 조금 더 벌어진다

정전

어디에 놓고 온 우산처럼 내가 보이지 않을 때
깜박 잊은 어제가 반짝
지하로 들어간 노래에 불을 붙인다 불붙은 노래가 가끔 새가 되어 날아오르고
어둠도 빛도 아닌 여러 개의 얼굴을 가진 저녁은 금방 늙어버린다

불 꺼진 그곳에 누군가 있다 한때 내 입을 거쳐 간 노래이거나
귓불 고운 여자일지도 모르는

빈 깡통이 증명하지 못하는 시간이 기다랗게 휘어지는 곳
입술을 적시던 노래가 차가운 물질이 되는 곳

빛이 죽어 다시 빛으로 돌아갈 때까지

당신의 머리카락은 불타고 있다 검은 화염을 삼키는

것은 결국 당신이고
   바람이 떼어놓고 간 심장은 붉은 모란으로 부풀다가 다시 풍선으로 날아오른다
   나를 조문하러 오는 저녁이 슬그머니 몸 밖에 당도하고

   새들이 벗어놓고 날아간 발자국은 바닥을 놓지 않는다

   불이 켜지고
나무에 앉아 졸던 밤들이 우수수 떨어진다
사라진 입술처럼 선명해지는
어둠도 빛도 아닌
당신에게 가는 길

원시인

저 개는 백 년 동안 걸어가고 있다
어제저녁에 도착한 밤이 그를 알아보고 컹컹 짖는다

어디선가 돌도끼를 들고 뛰어나온 바람이 바다 쪽을
향해 달려가고 있다

바위의 눈 속에서 나는 바위이고
공기의 눈에 나는 물렁물렁한 공기이다
내가 희미해질수록
나는 정직한 물질이 된다

개가 밤의 살을 뜯어 먹는다
백 년 동안 하는 일이라 밤은 순하게 엎드려 있다

불운도 행운도 아닌 그저 희미하게 사라지는 원시인
처럼
안개 속에서 바위가 녹고
너무 선명한 어제와 내일이 녹고

>

 나는 한 번도 와본 적 없는 곳에서 평생 들고 다닌 돌도끼를 찾고 있다

뱀 이야기

　말의 머리를 비틀어 슬그머니 말을 넘어서는 당신의 수사학은 지금 봄입니다
　긴 막대기를 들어 말을 걸어보지만
　둥글게 몸으로 풀어내는 방언은 모서리를 휘감는 시냇물 정도나 알아듣겠지요

　솔숲에서 지저귀던 참새들이 가까이 다가가면 일제히 입을 닫는
　저는 어느덧 저녁입니다

　말 밖의 말을 새들도 알아듣습니다
　한마디도 하지 않았지만 이미 저는 들통 난 불륜이지요

　몸 무거운 말들이 후둑후둑 떨어집니다
　말 밖의 말이 무성해지고
　저는 한마디도 하지 않았는데 입과 귀가 아픕니다

　귀를 잘라낸 뱀이 한 번 더 길게 구부러집니다

바닥에 떨어진 몇 개의 말을 줍다가 입이 반쯤 돌아가는 것은
혀를 버린 겨울 탓만은 아니겠지요

너무 질긴 저녁

 저녁은 밤의 살갗에 천천히 스미어 기다란 은빛 젓가락으로 달빛을 꺼낸다

 달빛 뿌려진 나뭇가지에 숭얼숭얼 수국이 피고
 제 그림자에 발목 잡힌 나무는 사라진 내일처럼 공중에 뿌리를 내린다

 아홉시 뉴스가 조금 싱거워진 사이
 밤의 입안에서 흘러나온 여자의 노래가 분홍색으로 변한다

 어두운 혀가 더듬거리는 동안 수국이 피었다 지고
 제 그림자를 옆구리에 묻은 저녁은 실명한 밤을 몸 안에 밀어 넣는다

 골목에 웅크리고 있던 어둠이 검은 비닐봉지에 갇혀 퍼덕거릴 무렵

달항아리와 까마귀

까마귀가 달을 물고 날아간다

입안에서 검은 밤을 뱉어내며
식은 해는 맛이 없네
혼자 중얼거리던 까마귀가 달을 몰래 내려놓는다

그사이 한 여자가 왔다 간 것 같다
가슴 한쪽이 만져지지 않는다

달이 항아리 속으로 스며들고
다시 밤이 와도 항아리 속에서 달이 나오지 않는다
두 번 다시라는 말을 중얼거리며 달맞이꽃이 진다

까마귀가 저문 산을 짊어지고 날아가는 **밤**
 손가락으로 달을 튕겨보면 잘 숙성된 맑은 울음소리
가 난다

달과 항아리 사이에 틈이 없다

눈사람

겨울을 개복 수술하면 봄이 오는 줄 아는 인문주의자의 눈에
수시로 눈이 내리고 꽃이 필 때마다
나는 공갈빵처럼 배가 고프다

바람을 몸 안에 잔뜩 불어 넣어본 사람은
숨어서 날아가기 좋은 연기 속에 은신하는 방법을 안다

한때 연기로 몸을 만든 눈사람도 있었지만
눈썹과 귀만 남겨놓고 사라진
살 시린 여자도 있었지만
겨울바람 속에서 뽑아낸 칼을 구부려 봄을 만들 듯
하느님은 한 줌 연기로 세상의 중심을 모호하고 싱겁게 한 것

연기를 오래 만지작거리면 눈사람이 슬며시 손에 잡히는 것은
그의 배려라고 생각하는 날

﹥ 눈사람이 불 꺼진 마음만 벗어놓고 떠난 듯
　봄을 삼킨 연기가 웅얼웅얼 지붕을 들고 날아간 듯

불 켜진 고양이

고양이를 움직이는 것은 한 마리의 쥐도 아니고
쥐를 표절한 그림자도 아니다
고양이의 주린 배는 풍랑을 주식으로 한다

고양이는 파도나 해일쯤은 적당히 요리할 줄 안다
담벼락에서 뛰어내린 고양이는
오랫동안 바람의 낙법을 익힌 터라
바닥의 돌부리 정도는 몸이 먼저 널름 삼킨다

한때 말랑말랑한 구름으로 뒹굴다가
혼자 웅얼거리는 골목을 몸 안에 집어넣은 고양이
어둠의 심장을 두근거리며
눈 감지 못한 잉걸불 같은 눈으로 밤을 사냥한다
한순간 높은 담벼락이 구겨져서
고양이 발 앞에 납작 엎드린다

검은 고양이에게 사육된 밤이
제 몸의 어둠을 뜯어내며 걸어가는 새벽

〉

　잠들지 못한 볼펜 끝에서
　누군가의 검고 가느다란 울음소리가 흘러나온다

풍향계

불을 삼킨 단풍잎의 불면을 생각하다가
새벽 3시쯤 유리잔에서 잘게 부서져 비상하는 어둠의 혼백을 본다
기화하는 밤은 쇳덩이 같은 우울도 가끔 깔깔거리게 한다

이곳을 벗어나는 방법은 스쳐간 바람이 대서양을 안고
다시 돌아올 것이라는 믿음을
무릎에 이식하는 것
너무 많은 확신은 몸을 무겁게 해 자주 골절이 되기도 한다

어느 바람의 처음도 끝도 없는 연애를 옮겨 적다가
불을 새겨 넣은 나뭇잎에 이르러 발끝부터 뜨거워진다
그늘에서 발자국을 떼어내는 일이
손 닿지 않는 등을 긁는 것처럼 난감할 때

그림자를 벗은 나무들이 마음 바깥으로 굴러가고

허공에 붙어 있던 새들이 역광을 물고 떨어지는 저녁

여러 생을 살아온 밤이
불 꺼진 방에서 검은 날개가 돋아 퍼덕이듯

안개 통신

골목을 어슬렁거리는 안개는 무신론자이다

골목 끝에 뱉어놓은 까마귀 떼가 몸을 가누지 못하고 뒤뚱거릴 때
누군가 바람의 날개를 떼어다가 골목의 고집 센 어깨에 달아주기도 한다
발끝에 차인 돌멩이나 빈 깡통이 하늘의 새파란 이마를 깨는 것은
담벼락보다 하늘의 키가 더 크기 때문은 아니다

나는 골동품 같은 구름이나 기러기를 버린 지 오래다
구름을 두드리면 구름은 이제 사납게 짖어댄다

안개가 벗어놓은 흰 고무신
도굴 당한 무덤은 달랑 두 개의 어금니만 남았다
예언은 사탕의 달콤한 혀로 산 너머 공중의 마음을 말한다
허공에 박혀 있던 한쪽 발이 빠지지 않는 것은

어금니의 단단한 고집 때문이라고
백발의 늙은 안개가 오랫동안 중얼거리는 저녁이다

매혹의 지도

온종일 들리지 않는 노래 속에서 뒹굴다가
머뭇거리는 안개의 살을 만져보는데
손발이 없다 얼굴은 뭉개져 소리가 오가던 길도 지워져 있다

술잔 밖은 언제나 에로틱하거나 우아한 죽음을 지향한다
아주 단순하게 바람이 불고
비가 내리다가 자주 생각의 허리를 부러뜨려 잃어버린 바늘을 찾기도 한다
예민해진 가을숲에서 부러진 빗줄기를 찾는 일은 쉽지 않다

만 리 밖에서 울며 걸어오던 비가 어제 죽은 허공의 등줄기를 적신다
아무 소리도 듣지 못하는 저곳
빈 동굴은 웅웅거리며 겨울바람의 붉은 마음을 여러 번 곱씹고 있다

>
　접히고 구부러지고 다시 펴지는 사이
　마음의 뼈에 유리잔의 실금처럼 풀여치가 다녀간 흔적이 남았다
　나는 그것을 안개의 미세한 떨림과
　그 여자의 가느다란 목소리가 남긴 한 획의 연민이라고 쓴다

　저녁이 식은 해를 안고 불의 심장 속으로 들어간다

2부

콘서트

배고픈 귀가 무럭무럭 커진다
너무 깊어 바닥이 보이지 않는
늘 제 속을 감추고 사는 밤

새파란 나뭇잎 같은 귀들이 팔락인다
하늘에서 떼어내 구석방에 넣어두었던 별들이 정충처럼 반짝이고
마음을 몇 번씩 갈아 끼우며 여기까지 오는 동안
귀는 허기진 동굴이다

어두워질 때를 기다려 밤의 가슴속에서 야광봉을 꺼낸다
나는 저렇게 단단하고 오래 견딘 꽃봉오리를 본 적이 없다
작정한 듯 귀는 점점 부풀고

여자 안에 구겨져 있던 여자가 걸어 나온다
최초로 마주친 눈앞의 어둠이 양수처럼 따듯하여 여

자의 몸에 푸른 지느러미가 돋아나기도 한다

  지상에 처음 온 비에 흠뻑 젖어
  밤을 버리고 돌아온 밤
  순하게 잠든 귓전에 양 떼가 몰려와 여린 이파리를 뜯어 먹는다

  간지러운 귀가 웃는다

역광

좌판에 쌓여 있던 저녁이 근심한다

저녁을 닮아
주름살 깊은 그림자가 한 무더기의 가지를 앞에 놓고
이곳에 없는 노래를 홍얼홍얼 부른다
밤처럼 무거워진 노래가 여자를 석탄 더미로 만든다

얼굴 밖으로 넘치는 아침은 금방 시들고
 제 몸인 양 바닥의 그림자를 가만히 들여다보던 저녁
의 눈이 깊어진다

때로는 노래로 건널 수 없는 강이 있다

부러지고 깨진 어둠의 언저리를 어루만지며
 숙성하는 밤의 항아리에 비 젖은 시장 골목을 구겨 넣
는다

허공 밖을 향하던 좌판 위의 검고 뭉툭한 무기

작심한 듯 끝을 돌려 제 몸을 겨누고
다 식은 밤을 덥석 베어 먹는
저,
석탄 더미 같은

나는 수평선이 불안하다

일찍이 수평선을 훔쳐본 자는 말한다
실눈 뜨고 잠든 자는 칼을 숨기고 있다고
저 칼이 무서워 납작 엎드려 있다고

수평선은 서서 걸어가는 빗줄기들이 차례로 쓰러져 누운 곳

예외 없이 평등한 가을이라고
삭발 당한 바다가 빈 동굴처럼 중얼거린다

외줄 타듯 밟고 가는 수평선은 한순간 모든 걸 삼킨다

파도의 목을 반듯하게 베고 간 칼
수평선은 바다의 입을 꿰맨 바느질 자국이다
나란히 어깨 겯고 걸어가는 수평선의 나른한 오후를 조심해야 한다

사내 스피커에서 긴 수평선이 지루하게 풀려 나올 때

〉

　빌딩 안에 머리 없는 사람이 돌아다닌다는 소문이 돌았다

비디오

저녁이 버린 대낮이 죽어서 돌아온다
명백한 위증이라고 중얼거릴 때

버튼을 누르면
갑자기 겨울이 오고 눈부신 오후가 되듯

이라크 난민이 사라진 발을 들여다본다
없는 발이 독설 같다
아무도 들으려 하지 않는

그리하여 나는 여기에 없다
목은 있는데 목소리가 없듯
화면 속의 봄이 빠져나오지 않는다
내가 잡을 수 없는 손들이 안개처럼 날아다닌다
잘 있었니?
내 목소리를 듣지 못한 사람들이 아는 체도 하지 않고
예식장에서 웃는다 이미 죽은 한 남자도 따라 웃는다

〉
　죽음이 파릇파릇하다

　어제 죽은 오후와 함께
　화면 밖으로 조용히 걸어 나오는 가깝고 먼 발목 하나

모란 날다

누가 저 꽃에 자물쇠를 채워놓았나

모란의 내일과 모레를 잠시 접어놓고
모란 밖에서만 서성이던 바람은 손과 발을 버린 지 오래다

나는 허공의 껍질 같은 흰 비닐봉지로 날며
어두운 몸속에서 두근거리는 단단한 꽃망울을 본다

피지 않은 꽃의 내부가 온갖 궁리로 뜨거워지는 시간
봉오리 벌겋게 달아올라
푸드득 동박새 한 마리 뛰쳐나올 듯

한때 밀입국을 꿈꾸었던 꽃의 먼 안쪽을 기웃거리며
안과 밖이 없는 바람이 웅얼웅얼 흘리는 소리

저 내부에는 색지로 포장된 봄볕이 있거나 아직도 내 안에서 뜨거운

서쪽 여자의 분홍빛 입술이 숨어 있을 거라고

그리하여 한순간
동그란 봉오리를 깨고 머리 붉은 새가 날아오를 거라고

고양이와 냉장고의 연애

집주인의 양육법이 궁금하다
태생이 다른 농경과 유목의 혈통
방금 전 냉장고가 삼킨 것은
생선 몇 마리
그중 한 마리가 고양이 입속으로 들어간다
생선이나 육류를 좋아하는 식성이 닮았다
냉장고와 고양이는 아픈 기억 탓인지
긴 꼬리를 등 뒤에 감추고 산다
고양이는 주로 검정을 선호하고
냉장고는 주로 흰색을 선호한다
가끔은 서로 옷을 바꿔 입기도 하는 것이
그들의 습속이다
둘의 연애는 유구하다
본적과 취향의 차이에도 불구하고
주고받는 눈빛이 뜨겁고 깊은,
몸속에 환하게 불을 켜고 사는 그들은
24시간 소등하지 않고
푸른 눈빛으로 어둠 위에 군림한다

냉장고 옆에 애첩처럼 웅크리고 있는 고양이
둘을 함께 입양한 집주인의 귀가 유난히 길다

의자氏의 하루

빈 의자는 입도 없고 손도 없다

저를 알아보시겠어요? 저는 사람이거든요
입도 있고 발도 있어요
제 입과 손을 빌려드릴까요?

말이 빠져나간 의자를 잡고 흔들어본다
삐걱거리는 오후의 어깨를 들었다 놓는 순간

다리에 붙어 있던 입이 툭 떨어진다
말라버린 입술이 바사삭 부서진다

미안해요
대신 제 입을 드릴게요

입을 떼어 뼈만 남은 의자의 몸에 붙인다
말랑말랑하던 입술이 굳는다

>

온종일
딱딱한 나무의자에 끼어 있는 혀

밤을 동그랗게 오려낸 구멍으로 밤이 빠져나가듯
입 없는 그림자가 창밖 나무 밑에 제 그림자를 묻는다

역사의 방법

　가슴에서 녹은 말들이 울음이 되고 울음은 서서히 바람으로 휘발하기도 하지만
　다만 여기는 음악이 흐르다가 얼어붙는 여름의 빙판이고
　당신의 어금니를 빠져나오지 못하는 오래된 봄이네

　색소폰에서 흘러나오는 그대의 밤

　왼쪽으로 세 걸음만 걸으면 봄이 오는 방법이 왜 또렷해지는지
　절룩거리며 그 여자의 귀와 머릿속을 들락거린 바람은 아네
　겨울을 깎아 만든 목각인형처럼 당신의 노래는 계명이 바뀌지 않고
　얼굴 없이 붉은 모자만 어룽거리는 여자

　지구 밖 가장 먼 곳에 사는 외눈박이 별은
　밤을 태우는 노래를 한 조각 돌멩이로 요약하겠지만

> 지금은 어둠이 당신을 바라보며 혼자 중얼거리는 때

혁띠와 뱀의 습성

혁띠는 꼬리와 주둥이를 묶어놓아야 안심이 된다
자칫 그냥 두었다가는 약장수 손에서
한 마리 뱀으로 부활하거나
채찍으로 등판에 붉은 뱀을 쏟아놓을 것이다
뱀과 혁띠는 눈앞의 먹이를 바짝 조여서 삼키고
길게 이어진 슬픔의 서사는
유연한 근육질이다
쉽게 부러지거나 꺾이지 않는 것은
오랫동안 강물을 사사한 까닭이요
비애의 몸뚱이를 윤이 나도록 무두질한 까닭이다
혁띠의 코끝을 건드리면
야수의 본성이 튀어나온다
갑자기 허공을 감아 후려치거나
바닥에 똬리 틀고 앉아 누군가의 허리통을 노린다
낮고 습한 바닥을 전신으로 밀고 나가는 뱀
혁띠에게는 온몸이 길인 뱀의 유전자가 남아 있다

텍스트

 달빛 아래 짐승들이 헤매고 다니는 눈 덮인 내설악은 너무 밝은 텍스트다 멧돼지는 달빛을 모르고 내설악은 멧돼지를 모르는 것 서로가 서로에게 캄캄한 것 그리하여 달빛과 내설악은 박물관의 유물처럼 밤새도록 심심한 것

 그렇게 서로 다른 표정으로 멀어지는 동안

 구두 굽처럼 고독한 것

 왼쪽 가슴 아래 심장이 딱딱해지는 것

 한 번도 펼쳐보지 않은 어두워지는 장르처럼

그림자 미술관

먼 기억처럼 바삭 마른 그림자
살살 긁어보면 피가 배어 나오기도 하는
아직 고양이 울음소리가 가느다란 잎맥으로 남아 있는

200년 전 그림 속으로 들어간 나비와 고양이가
그림 밖으로 나오는 순간
저것은 어제 본 나비, 어제 본 고양이

일렁이는 그림자의 뿌리는 땅속까지 뻗어 있다

그림자가 출렁,
물고기 한 마리 뛰어오르듯
검은 허공을 열고 나오는 한 쌍의 나비

수세기를 오가며 새까매진 어둠의 뒤편에 붙어
그림 속 봄을 매만지는 사이
손발이 다 녹아 날아가고

﹥

  고양이가 펄쩍 뛰어오르는 순간 꽃잎 위의 나비가 200년 뒤로 얼른 숨는다

  허공에 박힌 고양이의 몸이 빠지지 않는다

달빛 사용 설명서

희귀종이 되어 멸종 위기에 처한 달빛은
머잖아 박물관 한구석에 처박히거나
고서의 한 모퉁이에서 잔명을 이어갈 것이다
함부로 달빛 한 올 건드리지 마라
주의사항을 숙지하지 않으면
삽시간에 휘발할 것이다
여간해선 달빛 한 올 발굴할 수 없지만
용케 찾아낸 달빛은 쉽게 곁을 주지 않는다
달빛의 내심을 의심하는 자가 많은 것은 그 때문이다
극약 처방하듯
시인의 손도 조심스럽다
자칫 잘못하다간 전통주의자로 뭇매를 맞거나
한물간 음풍농월로 오해받기 십상이다
조심하라
당신 혼자 지리산 골짜기에 숨어들어
경전 해독하듯
한 올 한 올 달빛 줄기를 읽어나가야 할 것이다
어설피 달빛 지팡이를 들고

섬진강 모래밭을 휘젓지 마라
한밤 달빛은 서서히 달아올라
뒤뜰 독 안에 스며들거나
한 대접 정화수에 몸을 풀 것이니
조심하라
당신의 몸은 이미 많이 야위었다

위독한 연애

붉게 달아오른 몸에서 굴러 나오는
달과 별의 동그란 생각들을 봐
그걸 혹자는 위험한 사랑으로 번역하네
혀가 꼬여 발음이 잘 되지 않지만

저녁은 언제나 죽음의 방식으로 오지
달콤한 매혹의 혀가 당신이 살아온 밤을 핥고 있을 때

차갑게 타오르는 불의 심장에 손을 넣어봐
태양을 직역하는 한 알의 사과처럼

손가락이 불붙어 타오르고
가슴에서 여러 개의 사과알이 두근거리는 동안
사과나무의 뭉툭한 발굽 밑에서
죄 없이 얼굴 붉어진 저녁이 몸을 숨기는 것 좀 봐

당신이 밤을 관통할 때 빗줄기를 따라 우는 머리카락
처럼
　지금은 해를 구워 토스트에 얹어 먹는 캄캄한 아침

힐끗,

이쪽과 저쪽
신호등이 바뀌고
성큼성큼 걸어오는 사람
힐끗, 나를 복사한다
그가 나를 가지고 간다
찰나에 나를 도둑질한 그의 머릿속에
검은 눈동자 속에
나는 매장될 것이다
어느 순간 눈처럼 녹아버릴 것이다
내 눈동자도 많은 이들을 폭식하여
날마다 머리통에 검은 풀이 돋아난다
폭발하지 않는 무덤 하나 머리에 이고
서로가 서로의 죽음을 익숙하게 확인하며
거리를 걷는다
내가 너를 지우고
네가 나를 지우고
우리는 늘 허기진 백지
오늘도 찰나의 눈빛을 반짝이며
힐끗,

우주선

나는 장난감 말처럼 서 있네 한 번도 스스로 뛰어본 적 없는 몸 안에 봄이 오지 않아 불이 켜지지 않네 착각처럼 몇 번 겨울이 왔다 그냥 돌아가네

민들레를 꺾어
한번 날아봐요
가장 가벼운 노오란 우주선
몸 무거운 그림자를 들고 슬쩍 사라져봐요
등 뒤를 버린 미아처럼

한 발자국도 내딛지 못하는 장난감 말
나는 이쪽에서 물병이 되었다가 물병 속의 은하수 같은 물이 되었다가 지구에서 가장 먼 별자리가 되었다가 다시 돌아와 오도 가도 못하는 이데올로기가 되었다가

민들레 우주선을 타고
미아가 되고 싶은 늦은 봄밤

＞
　나를 발견한 것은 눈빛 또렷한 아침 여섯시
　장난감 말의 내일이 너무 명료하여 한없이 어두운

거미들

가느다란 실로 허공을 꿰어 집을 짓는다

이때 다양한 각도와 아침이 탄생한다
공중을 휘게 하거나 다치게 해서는 안 된다

허공은 쉽게 폭발하고
마지막 한 줄에 매달려 글썽이던 이슬방울도 터지고 만다

농약을 나누어 마신 저녁의 일가
검게 타버린 밤이 그들을 말없이 덮어주었지만
공중은 무표정한 얼굴로 또 다른 아침을 만나 몸을 섞을 것이다

한 마리 거미가 자근자근 허공을 씹는다
맛도 없고 배부르지도 않은

거미가 경작하던 공중은 있는 듯 없는 듯

아슬한 위치에 당신은 숨어 있고
눈처럼 스르르 밤 또한 녹아 없어질 것이지만

3부

독거

천천히 죽어가는 저녁

누군가 혼자 빈방을 먹는다

개들이 수상한 어둠을 짖을 때마다
어둠의 이마에 금이 가고 나는 빈방의 귀퉁이를 잘라 조금 먹어본다
허공처럼 아무 맛이 없는 방이 나를 덥석 물고 놓지 않는다

빈방은 나를 몇 개의 헛간으로 분해한다

내 안에 새로 생긴 허공이 텅텅 울린다
개들은 내가 빈방이라는 것을 눈치챘는지
가까이 가도 짖지 않는다 나는 영 서운하여 뚱뚱한 밤을 걷어찬다
순식간에 개가 사라지고 통북만 남는다

〉
　그사이 폭삭 늙은 방은 혀도 이빨도 없다

　빈방은 다시 볼을 옴죽거리며 빈방을 먹는다

실종

공중에서 푸드덕거리는 새 한 마리를 움켜쥐었는데
새가 없다
깃털 몇 잎 하늘에 흩어져 있다
새를 보기는 본 것인지
꽁지 흰 새를 잡긴 잡은 것인지

아직 손끝엔 온기가 남아 있는데
콕콕 쪼아대던 부리의 매운 기억도 또렷한데

새가 없다

없는 새가 나를 찾고 있는 건 아닌지
부스럭거리는 소리에 잠깐 머리 드니
공중에 듬성듬성 찍혀 있는 새의 발자국

상심처럼 푸른 이파리 몇 잎 떨어진다

없는 새가 나를 업고 날아갔는지

눈과 귀가 만져지지 않아 온종일 공중을 뒤적거리는데 손발이 사라졌다

밤이 눈을 한 번 감았다 뜬 사이였다

나무 요리

나무를 깎아 만든 코끼리는 나무 속에 있는 것인지
나무 밖에 있는 것인지
딱따구리 한 마리 열심히 캐묻고 있는데
어둠을 꽉 눌러 터트리면 팝콘처럼 튀어나오는 꽃들
꽃이 피면 화폭 속 그림도 꿈틀, 한통속이 된다

코끼리는 나무를 삼키고
나무는 코끼리를 삼키고
코끼리도 나무도 사라진 먹빛 장삼이 깔리는 저녁 공터
 휘발유 같은 한 드럼의 노을을 엎질러
 활활 불타는 것은
 자폭하면 허공이 쪼개질 것이라고 믿는 사람들의 붉은 신앙이다

 떼 지어 다니는 바람은 머리통 대신 발바닥을 숭배하거나
 외로움의 가슴팍을 관통하지 않은 플라스틱 총알이다

목각 코끼리가 하품을 하며 지루함을 견딜 때
나무의 안팎을 뒤집으면 죽은 나무는 다시 산 나무가 되고
새벽 두시는 오후 한시의 옆구리에서 빠져나와 동전처럼 반짝인다

바람도 불지 않는데 깃발이 펄럭인다

무거운 병

그러므로 꽃병이 정의한 꽃들은 열두 송이다

저 작은 주둥이에 봄과 여름을 한꺼번에 구겨 넣고
식탁을 완성한다

꽃병 속에서 다시 살아 나오지 못할 꽃들이
밤을 우그러뜨려 별을 터뜨릴 때

꽃병이 깨진다

반변천 별빛이 잠깐 보였다 사라지고
꽃들을 물고 있던 이빨들이 흩어진다

정지 화면에서 가을, 겨울이 잇달아 흘러나오고
공중에서 떼어낸 꽃들이 나풀나풀 날아간다

오랜 지병이 꽃병을 떠나는 순간이다

없는 손

왼손은 왼손을 잘라낼 수 없다

왼팔과 오른팔 사이로 무한대의 밤이 팽창한다
여러 마리의 야생 사자가 사육한
밤의 귀퉁이를 칼로 베었다가 손목이 날아간 사람은
안다
어쩌다 오른손이 잡은 왼손은
나비도 낙타도 살지 않는 지구 저편
눈 내리는 혹한의 여름이다

왼손이 왼손을 포기하고 떠날 무렵
피 한 방울 보이지 않는데
몸에서 빠져나와 퍼덕이는 팔

허공을 물고 있던 어금니가 후둑후둑 떨어진다

무거운 집

아무도 허공을 읽지 않는다

천지사방 도처에 널려 있어
허공이 베스트셀러가 될 가능성은 없다
이미 집집마다 전집으로 갖고 있는 것
이사할 때
따로 포장할 필요도 없다 아무 데나 툭 던져두어도
새 집을 용케 알고 찾아온다
먼저 와서 거실을 가득 채우고 기다린다
주인은 눈치채지 못하고
집 안이 너무 휑하다며 빈 구석으로 몰아낸다
허공은 아무 불평을 하지 않고
주인의 하는 짓을 가만히 내려다본다
가끔 빈 구석에서 허공을 발견하고
갖가지 잡동사니를 허공의 입에 밀어 넣기도 한다

갈수록 허공의 신세가 쥐구멍이다

새의 행로

그늘만 찾아다니며 몸을 의탁하는
잔설이 있다
구석으로 몰려다니며 그늘을 파먹고 사는
주둥이
몸 가벼운 잔설이 그늘에 둥지를 트는 것은
끝까지 남아 전할 말이 있는 것
검은 사제복을 입은 그늘이
흰 그림자를 끌어안고 오래 귀 기울인다
몸을 옹송그리고
단단히 얼어붙은 이마에
숭숭 뚫리는 분화구
용암처럼 끓는 그늘의 숨구멍이다
그늘을 독파한 잔설,
햇볕 한 줌 끌어다가
슬며시 제 몸을 지우고 먼 길 떠나는
늦은 오후
애면글면 한 말씀 흘려놓고
홀연히 새 한 마리 날아간다

바퀴벌레 H씨의 행방

우아하게 이슬을 터뜨려 먹어본 적도 없지만
어느 날 아침 덜컥 저는 배가 고파요 하며 달려드는
쓸쓸하고 긴 다리를 가진 저녁 햇살이 되었다

도망치고 싶은 마음을 개가 물고 달아나서
나는 마음도 없이 몸이 캄캄해졌다
옆에 있던 고요가 라이터불같이 반짝 눈을 빛내는 순간

몸 밖으로 뛰쳐나온 마음이 몸 안으로 들어가지 못하고
저는 배가 불러요
바닥과 신문지 틈새에 끼어 협상을 시작한다
죽음도 때론 정치적이어서 봄에도 눈이 온다

여기가 어디냐고 묻지 않는 것은 이 고장의 불문율이다
몸 안에서 빠져나가지 않고 맴돌던 노래가
내 발등에 검붉은 눈송이로 떨어질 때

>
　몸 안으로 마음을 밀어 넣으며
　천 년 동안 저는 배가 고파요
　밤의 핏줄 속을 들락거리던 바퀴벌레가 사자처럼 정면을 부수고 말한다

꽃 피는 발

거친 발은 당신에게 들어가는 문입니다

얼굴 없이 지상을 방문하는 소나기가 양철지붕에 허공의 잠언을 옮기는 새벽
딱딱하여 내가 열지 못하는 봄은 등 뒤에 있습니다

딸꾹질만 무성해지는 저녁은 발바닥처럼 어두워지구요

새벽 달빛 속 고즈넉이 피어 있는 집
그대는 지상에 없는 음악입니다
열 번 스무 번 망설이며 나는 단숨에 늙었습니다
천은사, 사성암, 섬진강을 돌아온 그날도
스무날 굵은 보름달은 배가 불렀지요

돌담 너머 당신인 듯
내 안에 뿌리 내린 발이 히아신스 구근처럼 자라납니다

가끔 말을 알아듣는지
툭툭 발길질도 하는 걸 보면
발은 그대의 저문 날을 여는 마지막 열쇠지요

낮은 목소리로 당신의 오후를 증언하는
가난한 발
세상 끝까지 걸어와
꽃그늘 속으로 들어가는 눈 밝은 창입니다

늙은 남자의 휘파람

책상 위에 잠시 내려놓은 휘파람에서 푸른 싹이 돋고
얼음장 밑의 미나리 싹 같은 새가
입안에서 지저귄다
멀리 날아가지는 못하고 입안을 둥지로 착각한 새의
불행이 시작된다

지난가을
남자의 입에서 출가한 휘파람새는 숲의 곳곳을 떠돈다
가슴속 화염이 피를 먹고 휘파람으로 진화할 때까지
밤의 눈썹에 걸려 반짝이다가
서쪽을 지우며 반변천을 따라 흘러가는 별

잡고 있던 공중이 공중으로 흩어지고
아직 부르지 못한 노래만 남아 불 꺼진 입안을 맴돈다

누군가 새의 표정을 훔쳐 가면으로 쓰고 다닐지 모르
는 저녁

검은 사막

별은 하늘에 고용된 일용직 악사
새벽까지 탬버린을 치며 반짝인다

밤마다 별을 주식으로 하던 시절은 갔지만
여전히 인기 있는 기호식품
크고 작은 별들을 식성대로 구입하여 먹는다

우물에 빠진 달을 두레박으로 건져 올리던 옛날
오리온좌, 큰곰자리, 북두좌 등은 자리를 세습하였다
언제 하늘에서 해고될지 모르는 별들은
수시로 자리이동을 한다

하늘에서 별이 실직하고
금빛 무대의상을 입고 밤새워 뛰고 흔드는

모든 반짝임의 배후에는
별들의 눈물로 연명하는 검은 사막이 있다

유령의 시간

죽은 사람이 산 사람을 만지는 밤

내 몸을 지우고 악수를 하고
포옹을 한다 어둠을 태워 장맛비 같은 노래를 한다
아무 소리도 들리지 않는데 고막이 터지기도 하고
입술이 부르트기도 한다

향불 연기는 여덟 개의 꼬리를 가지고 있다
 흰 여우가 수시로 들락거리며 허공을 질근질근 씹어
보기도 하고
검은 구름의 막장에 갱도를 내기도 한다
날아다니던 향기는 가끔 발목이 부러져
푸른 공기 안에 장기 투숙하는 경우도 있다

어디 가니?
포도밭 검은 눈동자들이 동시다발적으로 묻는다
향불 연기가 흩어지며 눈동자들이 공중분해된다

〉

　죽은 나무에서 빠져나온 연기가

　산 나무를 어루만지다가 미라처럼 얼어붙는 시간

낙법

새끼줄에서 뱀이 나오는 것을 보는 사람은
벼랑 앞에 선 사람이다
밤을 압축파일로 만들어 벼랑 아래 던져버리는 사람이다
어금니가 흔들린다고 하늘에서 낮달을 뽑아버리는 사람이다

뱀이 새끼줄 속으로 들어가 사라지는 대낮
새끼줄은 목이 마르고
죽은 호랑이 몸을 찢고 나온 호랑나비는 철책을 넘어 날아간다

새끼줄에서 슬금슬금 뱀 한 마리 기어 나온다
저것이 벼랑을 견디는 모진 방법이라는 것을 아는지
달맞이꽃도 잠시 눈을 감고 저녁의 이마를 쓰다듬는다
뱀이야 하고 소리치면
놀란 새끼줄은 얼른 뱀의 비늘 속으로 숨는다

＞
 사람들은
 수직의 벼랑을 꺾어 식용하는 방법을 궁리하기 시작한다

새의 기원

사과를 쪼개다가 검은 새 한 마리를 발굴한다
화석처럼 박혀 눈을 말똥거리는

이쯤에서 훌쩍 세상 떠도 발 디밀 곳이 있을 거라는 생각을 하다가
 힐끗 돌아본 저쪽
 사과나무에 앉은 새가 늦은 저녁의 눈짓에 따라 자리를 옮겨 앉는다

 지난겨울 서녘 하늘을 짊어지고 사라진 새들
 웅얼웅얼 매달려 있던 과수원의 귀퉁이가 툭 터진다

 사과나무 밑으로 흘러들어간 새 혓바닥은 한때 노래였고
 죽음 가까이서 오래 서성이던 저녁 그림자였다

 어둠을 열고 들어간 새들이
 한 톨 씨앗으로 여무는
 그믐밤

껌

보도블록에 박쥐들이 붙어 있다

구름을 머리에 인 몇몇이
바닥을 잡고 노숙하는 박쥐를 억지로 떼어낸다

천장에 매달려 있는 박쥐를 똑똑 따내고 싶은 날
내 일찍이 그것이 딱지 앉은 상처인 줄 모르고
우산을 펴듯
활짝 펼쳐보고 싶었던 적이 있다
검은 고독은 담즙처럼 쓸 것 같다는 생각을 하면
옆구리 쪽이 금방 어두워진다

가끔 우산을 펼칠 때마다 푸드득 박쥐 떼가 날아간다
우울증을 앓는 골목이 발목부터 젖는 날
보도블록을 움켜쥐고 있던 박쥐들이 일제히 날개를 편다

우산장수는 박쥐를 팔지 우산을 팔지 한참 고민 중이다

물고기 발자국

 낯선 아침이 어느 날 공기의 푸른 껍질을 깨고 행성처럼 사라지는 날

 누군가 공을 굴리며 갑니다 자세히 들여다보면 그것은 공이 아니라 그 여자가 안고 있던 달이고 자주 허공을 들락거리던 붉은 심장입니다

 흰 지느러미가 달린 밤이 하늘을 날아가는 동안
 남자는 두 손이 낯설어 잠시 오동나무 그늘 아래 숨고

 한 점 조약돌이 당신의 미래를 사소하게 증언하는 사이
 컵에 새긴 로고처럼 명료한
 어제 죽은 발자국을 가슴에서 꺼냅니다

 더 이상 나이 먹지 않는 여자처럼
 왼손에 무심코 들려 있는 죽은 물고기

〉

　식탁의 빈자리에 아직 오지 않은 내일이 밤을 구겨 넣는 중입니다

회색의 눈

눈은 불에 대한 기억을 가지고 있다
화염을 관통하며 끝까지 불의 모가지를 잡고 버티다 타버린
눈의 살과 뼈
마지막 한 점 불이 슬그머니 꽁지 빼고 달아나고
이목구비가 사라진 눈은 하늘을 버린다

나는 이제 한 줌의 눈을 한 줌의 재로 부르기로 한다

흰 재를 뒤집어쓴 아침이 밤새 누가 다녀갔다고 중얼거린다
아침은 예전의 방식대로 눈을 만날 것이고
눈 속에 광맥처럼 숨어 반짝이는 통증을
누가 여기에 칼을 갖다 놓았지 하며 갸웃거릴지 모른다

눈도 잠시 무엇을 생각하는지 그쳤다 내렸다 한다

저수지

대책 없이 큰 눈알이다 온종일 글썽이는 눈망울이다 몇몇 낚시꾼 하루 종일 쪼그리고 앉아 물을 읽고 있지만 고작 물의 살점 몇 조각 떼어가질 뿐이겠지만 차갑게 식은 저녁의 몸 안에 수백 번 죽어 깊고 아득해진 누군가의 노래가 있다

밀봉되었던 물의 살가죽이 갈라지고
이따금 새들이 우편엽서처럼 날아오르는 곳

마른 밭을 갈던 노인의 등 뒤에서 봄은 연신 나동그라지고
너무 깊어 손 닿지 않는 당신의 표정처럼
나는 여전히 가장 먼 아침인 것

논두렁이 꿈틀, 자운영이 붉게 엎질러지는 순간

4부

시간의 영역

 게 껍질이 실패한 혁명의 잔해라고 명명한 오늘 밤
 여자의 입술을 떼어다가 마른 나뭇가지에 걸어놓는다

 나무가 아직 물이거나 바람이었을 때
 아니 모래의 속삭임에 한정 없이 무너져 내리고 있을 때

 서쪽 하늘에 흩어져 있던 새의 발자국을 수습하면
 두 팔과 두 다리도 희미해지다 사라진다

 낯선 골목이 낯익은 몸 안으로 들어오는 동안
 나는 이것을 죽음이 수세기를 군림해온 방식이라고 짐작한다

 까마귀가 검은 상복을 입고 몰래 나무 속으로 들어가 죽은 날
 새벽의 실눈 사이로 조각난 어둠들이 퍼덕이며 날아가고

길을 버린 둥근 해가 몸 안으로 들어와 나는 무연고 묘지가 되어 공중에 떠오른다

밤의 중심에서 가장 멀리 떨어져 있는 희극배우처럼

까마귀 전사

지는 꽃 아래 그늘의 서고를 뒤적여보면
아무도 들춰보지 않았던
사과 씨처럼 까맣고 단단한 까마귀
까옥까옥 벼랑의 부러진 갈비뼈를 물고 날아가는
저 단단한 씨앗
얼핏 보면 주둥이만 빛나는
어둠을 갈아 박아놓은
연필심 같은
까마귀
지난밤의 숙취와 욕설과 허망 그리고 토사물 같은
어지러운 꿈자리를 지나
비로소 허공의 가느다란 어깨에 철심을 박는다
소리 내어 울 줄 모르는
사내의 등판 위에 박혀 있는 까마귀는
여전히 벙어리새다
어둠을 어둠으로 가로지르며 홀로 반짝이는
검은 광석,
아무도 채굴하지 않는

가끔 검은 아스팔트를 깨고 퍼덕퍼덕 날아오르기도 하는

거울의 식성

거울은 이빨이 없다
연신 몸을 들락거리는 사람들, 우연히 방문하는
길가의 가로수나 구름 한 점도 소화시킬 수 없다
우물거리다가 다 토해내는
거식증 환자다
뼈만 남은
발목 하나 담글 수 없는
겨울 하늘,
새들이 일찌감치 발을 뺀 공지다
모래 한 알 담지 못한
꽝꽝 얼어붙은 거울을 깬다
고해하듯
와르르 뒤뜰 담장이 무너져 내리고
조각조각 혓바닥 베인 햇살들
오랜 번민의 발자국을 안고 녹아내리는
눈 속을 뒤적이면
무청 같은 새파란 눈썹 하나 꿈틀댄다
내 안의 퀭한 거울이 배가 고프다

418호

 그림자를 칼로 찌르다 뒤로 물러서면 낙타 가죽 같은 당신의 노래는 더 질겨지는 것이다 어느 행성으로 짧게 타전하던 지상의 봄은 그대의 몸 안에서 혁명군처럼 전사하고 페미니스트의 밤은 쉽게 폭파되는 것 그리하여 사람은 잠들고 귀신만 깨어 돌아다니는 새벽의 발설은 명상처럼 차고 깊은 것 독설과 광기로 피가 나지 않는 그림자를 다시 한 번 찔러봐도 아침은 여전히 아침이고 국어대사전처럼 외로운 사내만 남아 가을의 붉은 목청이 되는 날

 저녁 하늘처럼 우아하게
 칼에 맞은 그림자가 피를 흘렸으면 좋겠다

 몸 안의 어두운 기호를 되작이며 죽은 사람의 희미한 미소로 중얼거리는
 독극물 같은 밤

위험한 풍경

새소리가 지워졌다 다시 들리는 순간
누군가 잠깐 보였다 사라진 느티나무 그늘 저 안쪽

갑자기 발밑이 사라져
매일 보는 어둠도 나를 알아보지 못하는 여기는 내가 없는 곳
허공에 몇 개의 대못을 박고 구름의 발목을 잡아보기도 하지만

흐르는 물소리를 따라가면 슬그머니 팔다리가 없어지고
물소리만 찬란한 곳
온종일 밤이었던 내가 먹물처럼 풀려
물이 되고 물고기가 되고 물거품으로 숨도 쉬는

이래도 되나
벨소리에 놀라 물 밖으로 튀어나온 마음이 전화를 받고 통화를 하고

다시 저녁이 오는 곳

고장 난 밤을 수리하는 동안

싱긋 웃고 다가와 내 발목을 어루만지는 아침처럼

유리창

눈을 감거나 뜨는 것은 유리창의 지루한 임무
그는 늘 다른 생각을 한다

창문들은 아무도 의심하지 않는 곳에 날개를 숨기고 있다
저 위장술은 한편 슬프기도 하고
한편 섬뜩하기도 하여 햇살들의 발목이 자주 부러지기도 한다

날아가려는 창문들을
몸 무거운 집이 꽉 붙잡고 있지만

밤새 뒤척이던 유리창은
날개의 흔적을 감추기 위해 파쇄기의 종이처럼 부서진다

청정 해역의 수면을 동그랗게 오려내어
눈이 큰 집을 복원한 바닷가 마을

유리창에 맑게 고인 비애가 매미 날개처럼 접혔다 펴 졌다 한다

콜럼버스를 읽는 밤

볼펜 한 자루가 나를 잃어버린 밤이다
나를 찾지 못한 볼펜이 책상 밑에까지 기어들어가
툴툴거리며 굴러다니다
제 몸에서 작고 단단한 공 하나를 발견한다
신대륙이 콜럼버스의 오래된 옹이였듯
미처 발견하지 못한 통증의 구근이 박혀 있었던 것

나를 찾지 못한 볼펜의 낮은 시력을 탓하다가
뒤늦게 고독의 형식이 다르다는 것을 안다

빛이 죽은 구석에서 희뜩희뜩 눈 뜨고 있는
내 몸에서 **빠져나간** 내가 보인다
더 이상 눈물 흘리지 않는 딱딱한 눈알
서로의 몸속에 새겨 넣은 신대륙이 희미해질 무렵

나를 읽지 않은 볼펜 속으로 몰래 잠입한다

길고 어두운 관 속에

어둠의 힘줄을 물고 웅크리고 있는 짐승

그믐달이 쓸개즙 같은 발자국을 끌고 동쪽으로 간다

누룽지와 박쥐

누룽지에는 날개가 있다

바닥에 눌려 검게 탄
불과 맞서 싸우다 잿더미 속에서 얻은 검은 날개

혹자는 누룽지의 구수한 만담에 혹하여
퍼덕이는 소리를 듣지 못하지만
날개의 출처를 수소문하던 사람들은
겁 없이 불을 삼켜
새카맣게 타버린 혓바닥을 동굴 천장에서 발견하기도 한다

한 번 움켜쥔 바닥을 끝까지 놓지 않고
벼락과 고열을 삼킨 누룽지
말끔하게 습기를 제거한
극지에서 발굴되는 비애의 유골들이다

늦은 밤 찾아가는

슈퍼마켓 진열대의 신상품 박쥐
양수막 같은 비닐 속에 두근거리는 날개가 있다

삐걱거림에 대하여

삐걱거리는 소리에 새들의 눈동자가 깊어진다

아귀가 맞지 않은
구름과 구름의 틈새에 갈매기 한 마리 끼어 있다
갈매기는 충분한 완충 역할을 한다
구름과 구름의 충돌
점성술사의 예언은 항상
바람의 뒤통수만 겨냥한다

문틈에는 따오기가 산다
언제 둥지를 틀었는지
비명을 노래로 번안한
따오기의 목청은 쾌청하다
문과 기둥 사이 일정한 간격으로 따오기가 노래한다

시위대와 진압경찰 사이에
갈매기나 따오기를 끼워 넣으면
삐걱거리는 소리는 우아한 목청으로 진화할 것이다

아니, 전몰할 것이다

어긋난 틈에서 바스러진 새들의 뼈가 떨어진다

구름의 파산을 목격한 무릎 관절이
깍깍, 까마귀에게 구조 요청을 한다

그림자 재고 정리

그림자는 나보다 눈이 밝다
내 미세한 생각의 떨림까지 감지하는
뛰어난 성능의 센서를 갖고 있다

손끝 놀림 하나까지 놓치지 않는다
한때 나는 그림자를 마음대로 구부렸다 폈다,
어디서나 당당했다
나는 이제 매장 바깥에 진열된 그림자를 처분해야겠다
속 모르는 사람은 의아하겠지만
몇몇 거래처가 문을 닫고
몇몇은 잠적하고
날마다 옆에 두고 들여다봐야 하는
누구보다 주인의 주머니 사정을 잘 헤아리고 있는

그림자는 나보다 힘이 세다
한때 그림자를 분신이라고 생각한 것은
태양의 농락 때문이다
그림자는 검은 눈과 초소형 센서를 내장한 카메라였다

매출 장부를 들여다보고 있던 그림자가
나를 보고 츳츳 혀를 찬다
그림자는 곧 나를 정리할 것이다

바퀴벌레를 읽다

바퀴벌레의 검은 버튼을 누르자 아랫도리가 어두워졌다

숨죽이며 금서의 책갈피를 넘기고 있을 때
눈 밝은 형광등의 불빛이 찾지 못한 곳
오래 굶주린 아침, 점심, 저녁이 곰팡이처럼 서식하는 곳

겨울은 성급하게 바늘구멍 속으로 밤을 끌고 들어왔다

순식간에 꼬리 하나 남기지 않고 길을 삼킬 때
아침이 아침을 발견하지 못하고
주위를 두리번거리다 걸레조각 같은 저녁을 집어 들고
왜 아침이 여기에 있지?

껍질을 벗겨 어둠을 구워 먹는 요리법을
밤의 기다란 더듬이가 꽃 피우듯 전하는 시간

〉
숨어서 움직이는 것은 슬픔도 날렵하여
가끔 악몽의 겨드랑이에 검은 날개가 돋기도 하는

나는 쥐구멍과 통화하고 싶다

쥐구멍은 바닥을 뚫어 개통한
검은 전화통이다
무슨 사연이 그리 깊고 아득한지
번호를 누르면 뚜우뚜 통화 중 신호음이 들리기도
하는

쥐구멍에 비타민 같은 햇볕 한 줌 넣어주면
쥐구멍이 번창하리라고 믿는 태양은 진보주의자다

목마른 쥐들은 최저생계비 같은 구멍을 뚫어 해를 불
러들이고
기웃거리던 햇볕들이
쥐구멍의 앞날을 점치는 이른 아침

나무들의 연분홍 입술이 쥐구멍에 달라붙는다
통화량 폭주로 천식 앓던 쥐구멍이 색색 달아오르고
한 줄기 소나기에 금세 먹통이다

〉

　쥐구멍의 동그란 귀를 잡고

　여보세요

　여보세요

　온종일 바닥에 붙어 있는 꽃잎 버튼을 눌러대지만

시계를 먹는 고양이

고양이는 너무 많은 시계를 먹었다
혹자는 인정 없는 주인 탓이라고도 한다

고양이는 시계와 함께
다량의 구름과 거친 바람도 복용하였다
때로는 고집 센 돌까지 깨물어 먹기도 했다

고양이 배를 만져보면 초침과 분침이 만져진다
날카로운 슬픔을 용케 다스리고 있는 것
아무도 몰래 감추고 있다가
구석진 골목에 컥컥 뱉어놓기도 하는 것인데
그러다 혼자 눈물도 흘리는 것인데

가슴에 박힌 가시뼈까지 소화시키던 고양이가
동그란 눈알의 불을 끄고 시계를 먹는다
적당히 우물거리다 삼키는
동글동글 잘게 부서진 시계
시침이 멈추고

>

  물렁물렁한 바람이 곧 고양이를 벗어놓고 달아날 것이라는 말이 있다

명암의 방식

선풍기 안에 새가 산다
파초잎 같은
한 번도 날아본 적 없는 벽화 속의 그대를 생각하는
것은 잔인한 일

네모난 벽을 돌리고 있다
그때마다 물고 있던 새를 발설하는 벽
삑삑거리다가 지금은 목청 곱고 우아한
날갯죽지가 푸른 새
벽화 밖으로 나와 퍼덕이는

선풍기가 다시 벽화가 되는 순간 벽의 심장도 멎는다

너무 투명해서 깨지지 않는 하늘처럼
딱딱한 새
벽에서 새를 꺼내던 손들이 녹아내리고
조용히 저녁을 삼키는 그대

>
　발바닥이 잠시 흐렸다 환해진다

　벽에 박혀 있던 마음이 단숨에 벽을 뚫고 날아갈 듯이

풍경의 질서

창문이 정의한 거리에서는 간단명료하게 하늘이 갈라지고 구호처럼 바다가 쪼개집니다

뒤죽박죽인 나는 미개인이거나 원시림 속의 나무늘보인지 모릅니다 3년 전에 죽은 새끼를 불러다 놓고 오지 않은 10년 밖의 나무를 꺾어다가 집을 짓습니다

창문을 벗어나지 못한 창문이 투신합니다 사각형으로 잘린 하늘이 퍼덕이지도 못하고 어깨뼈가 부러집니다

창문이 내 몸을 빠져나가게 그대로 둡니다 전후좌우가 흐릿해지고 창문이 사라지는 비정형의 아침입니다 매우 낯선 어제입니다

검은 숲

내 가슴에서 빠져나간 저녁이 숲에 산다

숲의 자궁에서 태어난 바다
물 이파리들이 파닥이며 몰고 가는 파도 소리

물가의 바위가 꿈틀, 고개를 번쩍 들고 솟구친다
악어와 바위 사이의 거리가 희미해지는 순간
물질은 물질을 넘어선다 황홀하게
숯덩이에서 빠져나온 햇덩이 그 붉은 심장처럼

몸을 지우고 소리만 남은 바다같이
이름이 떠오르지 않지만
낯익은 얼굴
두근거리며 다가가 손에 쥔 것은 나뭇가지에 매달려
출렁이는 파도
생의 바깥에서 달려온 누군가의 못다 부른 노래이다
숲 속
검은 눈을 가진 적막이 가만히 들여다보는

>

   이제 어느 들판에선가 내 가슴을 휘돌고 나간 먹장구름이 검은 비를 쏟아낼 것이다
   혹자는 그걸 사나운 악령이라 부를 것이고
   바다로 흘러간 숲들은 나무 이파리 같은 물고기들을 낳을 것이다

그림자의 문장

오래 뒤적거리던 나무 그림자에 불을 질러
꽃 없는 봄을 완성하듯
때로 죽음은 만화방창이다

마침내 당신이 보이지 않는 아침

한 줄기 연기와 살을 버린 소리 몸 섞으며 사라지고
아직 태어나지 않은 빛
터질 듯 달아오르는 돌 속에서 빗살무늬로 수런거리 때

귀와 눈이 지워지는 무화과나무
맨 처음 진흙 같은 표정으로 구물구물 살아 움직이는

그림자의 가슴에 가만히 손을 얹는다

눈 감지 못한 새벽 두시
지느러미도 없이 다만 빗방울의 차가운 심장과 함께

해설

전회와 진화와 귀환의 감각
— 홍일표의 근작들

유성호 · 문학평론가

1. 시학적 준거와 기율의 일대 전환

홍일표 신작 시집 『매혹의 지도』는, 그동안 그가 축적해 왔던 시학적 준거와 기율의 일대 전환을 예고하는 돌올한 실례이다. 『살바도르 달리風의 낮달』(천년의시작, 2007) 이후 5년 만에 펴내는 이번 시집을 통해 홍일표 시인은 이미지, 문장, 메시지 차원 모두에서 매우 크고도 근원적인 시적 전회(轉回)를 보여준다. 가지런하고 느린 보폭의 착상과 표현은 어느새 유목적이고 활달한 물질적 이형(異形)들을 거느리면서 아릿하고도 풍부한 균열 형상을 두루 탑재해 보여준다. 그야말로 시인으로서의 존재 전환을 방불케 하는 '매혹의 지도'가 그려진 것이다. 하지만 다르게 생각하면, 이러한 변모는 지난 시집에서 시인 스스로 "시여, 늙지 마라. 가는 길이 많이 적막

해도 늘 낯선 길 위에 서 있기를."(「自序」, 『살바도르 달리 風의 낮달』)이라고 기원했던 자의식이 첨예하게 실천된 결실이라고 볼 수도 있다. 이때 우리는 시인이 시집 서문에서 "대상과의 깊은 교유는 곧 귀신을 만나는 일이고, 단 한 번도 감각하지 못한 생의 숨결에 온몸이 젖는 것"(「시인의 말」)이라고 말할 때의 그 감각적 '만남'과 '젖음'이 사실은 "늘 낯선 길 위"에 있으려 했던 자신의 존재론을 전혀 다른 방식으로 구현한 것이라고 읽을 수 있다. 그러니 지난 시집과의 확연한 비대칭에도 불구하고, 이번 시집은 홍일표 시학의 예고된 진화의 결실로 해석할 수도 있을 것이다.

이러한 전회와 진화의 속성은 우선 '감각'의 측면에서 찾을 수 있다. 홍일표 시인은 이성적 분별 이전에 존재하는 사물이나 관념의 물질성을 감각적 충실성으로 재현하는 데 공을 들인다. 그것은, 들뢰즈식으로 말하면, 인식론적 지각(perception)이 아니라 육체에 직접 작용하는 존재론적 감각(sensation)의 작용을 수반하고 있다. 이때 시인에게 '감각'이란, 세계와 자아를 매개하는 도구적 통로가 아니라, 세계와 육체가 만나며 파생하는 경험적이고 물리적인 진동이자 강렬한 유물론적 현상으로 다가온다. 이러한 차원에서 홍일표 근작들은, 메시지 중심 코드에서 환유적 감각의 층을 풍부한 모호함으로 확산해내는 코드로 이월되고 있다고 할 수 있을 것이다. 그렇다면 지난 시간과 작지 않은 단층(斷層)을 보이는 이번 시집은 과연 홍일표 시학의 전회일까, 진화일까, 아니면 비로소 자신의 기질에 맞는 어법으로 돌아온 일종의 귀환일까. 작품 모두 빼어난 균질성을 갖추고 있어 어느 것 하나 빼기 어렵겠지만, 여기서는 불가불 그의 이러한 시적 전회와 진화와 귀환의 감각을 집약하고 있다고 생각되는 사례들을 가려서 이번 시집의 미적 경개(景槪)를 살펴보려고 한다.

2. 상상적 명명의 순간

홍일표 시인은 이번 시집에 실린 개개 시편을 통해, 순수한 감각적 구성물로서의 예술의 존재 방식에 대해 깊이 사유한 흔적을 두루 보여준다. 물론 이러한 예술 감각은 전통적 의미에서의 이론(theoria)에 반대되는 실천(praxis)으로서의 수행적 효과를 충실하게 거느린다. 비록 추상의 도(度)가 높아지기는 했지만, 이때 홍일표 시학의 실천적 추상은 새롭고 낯선 요소들이 화폭에 나타나 감상자의 눈 속으로 직접 스며들어가는 그 무엇으로 실현된다. 그래서 홍일표 시인은 경험적이고 사실적인 삽화가 아니라, 상상적 질서에 따라 감각과 사유가

재배열된 결과를 구성적으로 보여준다. 그 구성에는 시각 효과가 먼저 나타나고, 거기에 그에 대한 순간적이고 상상적인 명명 과정이 파생적으로 따라온다. 그리고 그러한 명명의 질서는 실재적 사물에서만 비롯하는 것이 아니라 일종의 환(幻)이 사물과 결속하는 순간 이루어진다. 이때 '환'의 순간적 움직임과 환유적 병치가 어쩌면 실재적 사물이나 현실보다 훨씬 더 현실적인 것을 환기하게 되는 것이다. 홍일표 시편들은 그렇게 상상적 명명의 순간들을 담아낸 심미적 기록으로 우리에게 다가온다. 다음 시편을 읽어보자.

솜사탕을 수국 한 송이로 번안하는 일에 골몰한다

솜사탕은 누군가 내려놓고 간 벤치 위의 따뜻한 공기
헐떡이다가 그대로 멈춘

수국은 수국을 통과하며 말한다

하늘에서 엎질러진 구름이 완성한 노래가
나무젓가락에 매달려 반짝이는 동안
구석에 쪼그리고 있던 햇살들이 손수건만 한 경전을 펼쳐 들기도 한다

땅속에서 캐낸 태양은 먹기 좋게 식어 있다
붉은 껍질만 잘 벗겨내면
달지 않은 수국 한 송이 꺼내
한 열흘 땅 위의 배고픈 그림자들을 먹여 살릴 수 있다

멀리서 온 바람이 수국을 입안에 넣고 우물거리며 지나간다
―「수국에 이르다」 전문

이 시편에서 감각의 교응(交應)을 수행하는 사물들은 '솜사탕'과 '수국'이다. 화자는 이 두 사물 사이의 교응 과정을 '번안(飜案)'이라 표현한다. 번안은 번역과 달리, 원래 모습을 살리면서 문맥을 알맞게 고치거나 바꾸는 것을 말한다. 솜사탕을 환기하는 기표는 '벤치/구름/나무젓가락/먹기 좋게/우물거리며' 등으로 이어지는 데, 말하자면 화자는 공원 벤치에서 구름 모양의 솜사탕을 우물거리면서 공원 어딘가에 피어 있을 '수국'을 연상하고 결속함으로써 번안을 시도하는 것이다. 그렇게 화자의 절묘한 솜씨로 번안된, 그리고 따듯한 공기가 투과해간 '수국 한 송이'는 이제 독립성을 띠며 스스로의 말을 하기 시작한다. 그리고 '구름'과 '햇살'은 각각 '노래'와 '경전'의 비유를 불러오면서, 태양의 껍질을 벗겨내고 먹는 "달지 않은 수국 한 송이"에 이르게끔 한

다. 그 번안 과정은 결국 화자로 하여금 "멀리서 온 바람이 수국을 입안에 넣고 우물거리며 지나간다"는 아름다운 문장을 불러오게 한다. 시인의 상상과 표현이 '공기'와 '노래'와 '햇살'과 '바람'을 지나, 그리고 그것들의 실재성을 넘어, '수국(水菊)'이라는 심미적이고 상상적인 질서에 이른 것이다. 이러한 상상적 과정은 "비명을 노래로 번안"(「삐걱거림에 대하여」)해온 홍일표 시인이 수행한 새로운 방법론을 보여주는 것이다.

> 개가 개의 꿈에서 빠져나오는 동안
> 파도의 자세를 이해하는 것은 힘들고 위험한 일
> 공원의 가로등은 아무것도 결심하지 않았는데
> 불이 켜지네
>
> 겨울이 명백한 휴머니스트라고 말하지 않아도 눈은 내리고
> 가로등은 끊임없이 어둠의 중얼거림을 거절할 뿐이네
> 발꿈치에 다른 계절이 눈물처럼 스미는 것
> 천 년 전 바람이 남긴 말의 각질을 뜯어내며
> 질기고 딱딱한 공기의 살과 해후하네
>
> 나는 드라이아이스 같은 너의 노래를 들으며
> 여기는 최소한 거기가 아닌 곳이라고 중얼거리지만

여전히 촛불은 미완의 음악

따듯하게 응고된 슬픔을 어루만지며 조용히 견디는 것

그사이 수차례 다녀간 눈과 비

봄과 겨울도 모르는 또 다른 목청의 노래가 발바닥이나 겨드랑이에 서식하는 걸

아직 바다에서 빠져나오지 못한 파도는 알고 있었던 것이네

5분간, 내가 읽지 않은 파도의 표정이 거듭 쓸쓸해지네

—「이면의 무늬」 전문

이면에 있기 때문에 아무도 볼 수 없는 '무늬'는, 의미론적 환원을 거부하는 상상적 물질성으로 가득하다. 개가 자신의 꿈에서 빠져나오지 못하듯, '바다'에서 빠져나오지 못한 '파도'가 있다. 끊임없이 중얼거리는 어둠 속에서 빠져나오지 못하는 가로등 불빛이 있다. 이 파도와 불빛은, 모두 '어둠'과 '눈물'과 '바람'과 '공기'의 이미지 체인을 거쳐 "드라이아이스 같은 너의 노래"에 이른다. 미완의 음악으로서의 "또 다른 목청의 노래"가 바로 이면의 무늬를 이루고 있었던 것이다. 이때 '노래/음악'은, 음의 연쇄와 파동을 통해 자신만의 감각적 잔상(殘像)을 남기면서 그 잔상으로 하여금 형태적 지속성을 견지하게끔 한다. 오직 스스로의 형식만을 통해 전달되는 음의

배치와 연쇄는, 화자의 가슴속 깊이 감각적으로 침전하면서 응고된 슬픔을 조용히 견디게끔 한다. 이러한 이미지 체인의 단속과 연속이 아슬아슬하게 반복되면서, 의미론적 환원을 지연시키는 이면의 무늬들이 여럿 병치되면서, 이 시편은 어떤 상상적 질서에 따라 감각과 사유와 사물이 표현된 평면을 구성하고 있는 것이다. 말할 것도 없이, 그 '이면'이란 "매일 보는 어둠도 나를 알아보지 못하는 여기는 내가 없는 곳"(「위험한 풍경」)과도 같은, 말하자면 부재와 편재(遍在)의 속성을 동시에 가진 상상적 공간일 것이다. 이렇게 홍일표 시인은 이번 시집 곳곳에 감각의 구성물로서의 '이면의 무늬'를 부려놓았다. 그 심미적 문양들이 섬세한 감각의 파문을 그리며 한 송이 '수국'으로, 다른 목청의 '노래'로, 서서히 번져간다.

3. 자기 발견과 귀환의 서사

다른 한편으로 홍일표 시인은, 자신의 시적 생애에서 중간 보고서이자 터닝 포인트가 될 이번 시집에서, 진중한 자기 발견과 귀환의 서사를 보여준다. 자기 기원에 대한 탐색을 통해 섬세한 자기 확인 과정을 치러나간다. 그만큼 그에게 시의 존재 방식이란 궁극적으로 자기 발견과 귀환을 실현하는 데 있고, 자연스럽게 그

저류에는 자신이 축적해온 기원 탐색의 욕망이 아득하게 흐르고 있다. 물론 이러한 과정 역시 사물에 대한 치밀한 묘사와 그에 덧붙인 감각의 활력을 통해 이루어진다. 먼저 이번 시집에 여럿 실려 있는 '고양이' 관련 시편 가운데 하나를 읽어보자.

> 고양이를 움직이는 것은 한 마리의 쥐도 아니고
> 쥐를 표절한 그림자도 아니다
> 고양이의 주린 배는 풍랑을 주식으로 한다
>
> 고양이는 파도나 해일쯤은 적당히 요리할 줄 안다
> 담벼락에서 뛰어내린 고양이는
> 오랫동안 바람의 낙법을 익힌 터라
> 바닥의 돌부리 정도는 몸이 먼저 널름 삼킨다
>
> 한때 말랑말랑한 구름으로 뒹굴다가
> 혼자 웅얼거리는 골목을 몸 안에 집어넣은 고양이
> 어둠의 심장을 두근거리며
> 눈 감지 못한 잉걸불 같은 눈으로 밤을 사냥한다
> 한순간 높은 담벼락이 구겨져서
> 고양이 발 앞에 납작 엎드린다

검은 고양이에게 사육된 밤이
제 몸의 어둠을 뜯어내며 걸어가는 새벽

잠들지 못한 볼펜 끝에서
누군가의 검고 가느다란 울음소리가 흘러나온다
—「불 켜진 고양이」 전문

  고양이의 식욕은 쥐를 따라가지 않고 '풍랑'을 좇는다. '파도'나 '해일'을 요리할 줄 아는 고양이는, 심지어 바람의 낙법을 익혀 담벼락에서 뛰어내리고 "바닥의 돌부리"마저 먹어치운다. 혼자 웅얼거리는 골목마저 몸 안에 집어넣은 고양이는 한밤중에 "어둠의 심장"과 "눈 감지 못한 잉걸불 같은 눈"으로 야성의 사냥을 나선다. 이렇게 한밤중에 환한 눈을 밝힌 고양이는, 그 순간 "높은 담벼락"이 구겨진 채 자기 발 앞에 엎드리는 것을 바라본다. 고양이에게 사육된 캄캄한 어둠을 뜯어내며 밤이 걸어가는 새벽까지, 화자는 그 위험스럽고 불안한 분위기를 거느리며 스스로 잠들지 못함을 고백한다. "잠들지 못한 볼펜 끝에서/누군가의 검고 가느다란 울음소리가 흘러나오"는 것을 듣고 있었던 것이다. 당연히 볼펜 끝에서 흘러나오는 '울음소리'는, 화자 자신의 존재론적 징후이자 표지(標識)일 것이다. 야성이나 불안도 지향의 한 형식이라는 점에서, 홍일표 시인은 마치 "몸 안에서 빠져나가지 않고 맴돌던 노래가 / 내 발등에 검붉은 눈송이로 떨어질"(「바퀴벌레 H씨의 행방」) 순간을 포착하면서, 한밤중 야성과 불안의 눈으로 잠들지 못하는 자신의 지향을 고백한 것이다. 결국 '불 켜진 고양이'는 한밤중에 환한 눈으로 어슬렁거리는 '고양이' 자체이자, 한밤내내 자신의 내면에서 울려 나오는 울음소리 때문에 잠들지 못하고 있는 시인 자신의 초상이기도 하다. 그 시인으로서의 존재론적 기원(origin)이 '풍랑'과 '파도'와 '해일'과 '어둠' 그리고 '돌부리'와 '골목'과 '담벼락'을 투과하면서 끝없이 환유되고 있는 것이다.

저 개는 백 년 동안 걸어가고 있다
어제저녁에 도착한 밤이 그를 알아보고 컹컹 짖는다

어디선가 돌도끼를 들고 뛰어나온 바람이 바다 쪽을 향해 달려가고 있다

바위의 눈 속에서 나는 바위이고
공기의 눈에 나는 물렁물렁한 공기이다
내가 희미해질수록
나는 정직한 물질이 된다

개가 밤의 살을 뜯어 먹는다
백 년 동안 하는 일이라 밤은 순하게 엎드려 있다

불운도 행운도 아닌 그저 희미하게 사라지는 원시인처럼
안개 속에서 바위가 녹고
너무 선명한 어제와 내일이 녹고

나는 한 번도 와본 적 없는 곳에서 평생 들고 다닌 돌도끼를 찾고 있다

—「원시인」 전문

이번에는 고양이가 아니라 '개'다. 야성과 원시의 내포에서는 거의 등가인 사물들이다. '개'는 백 년 동안 걸어가면서 '밤'의 살을 뜯어 먹었다. 원시인을 환기하는 '돌도끼'가 그 옆으로 환유된다. 화자는 스스로 '바위'이자 '공기' 같은 정직한 물질이라고 고백하는데, 그것들은 모두 희미해질수록 정직해지는 속성을 가졌다. 화자는 희미한 안개 속이나 선명한 시간 속으로 바람처럼 원시인처럼 "한 번도 와본 적 없는 곳에서 평생 들고 다닌 돌도끼"를 찾고 있다. 이때 화자는 고형(固形)의 '바위'와 기화(氣化)한 '공기'를 동시에 욕망하면서, 낯설고도 먼 시공간을 상상하고 표현한다. 그 상상 속에서는 언젠가 '바

해설 · 전회와 진화와 귀환의 감각 143

위'와 '공기'로 떠돌던 화자 자신의 모습이 떠올라온다. 그리고 희미하게 사라져버린 원시인으로서의 기억이 흔연히 재생된다. 여기서 '원시인(原始人)'은 시원(始原)의 형상을 간직한 순수 물질이자, '원래 시인(元詩人)'이라는 언어유희(pun)를 동반한 파생 명명이기도 하다. 그렇게 원시인은 현대인과 한 몸을 이루어 '돌도끼'를 찾아 바닷가를 서성이고 있다. 결국 '고양이'든 '원시인'이든, 홍일표 시인은 시원의 물질성을 통해, 가파른 자기 기원으로 귀환하려는 욕망을 일관되게 표현하고 있는 것이다.

4. '시(詩)'를 향한 메타적 탐색

한편으로 홍일표 시인은 '시(詩)' 자체에 대하여 깊이 있게 사유하는 모습을 보여준다. 우리가 잘 알듯이, 감각과 실재를 매개하는 것이 '언어'이고, 그 언어를 감각적 구성의 극단에서 부리는 것이 '시'이니만큼, '시'는 다른 어떤 예술 양식보다도 감각과 친화력을 가지게 된다. 이번 시집에서 홍일표 시인은 '시'가 가지는 이러한 속성을 충실하게 예증하고 있다. 다음 표제 작품은 그러한 시적 기율과 지표를 탐색하고 사유한 결실을 보여주는 이른바 '시에 관한 시' 곧 일종의 메타 시편이라 할 수 있을 것이다.

   온종일 들리지 않는 노래 속에서 뒹굴다가
   머뭇거리는 안개의 살을 만져보는데
   손발이 없다 얼굴은 뭉개져 소리가 오가던 길도 지워져 있다

   술잔 밖은 언제나 에로틱하거나 우아한 죽음을 지향한다
   아주 단순하게 바람이 불고
   비가 내리다가 자주 생각의 허리를 부러뜨려 잃어버린 바늘을 찾기도 한다
   예민해진 가을숲에서 부러진 빗줄기를 찾는 일은 쉽지 않다

   만 리 밖에서 울며 걸어오던 비가 어제 죽은 허공의 등줄기를 적신다
   아무 소리도 듣지 못하는 저곳
   빈 동굴은 웅웅거리며 겨울바람의 붉은 마음을 여러 번 곱씹고 있다

   접히고 구부러지고 다시 펴지는 사이
   마음의 뼈에 유리잔의 실금처럼 풀여치가 다녀간 흔적이 남았다
   나는 그것을 안개의 미세한 떨림과

그 여자의 가느다란 목소리가 남긴 한 획의 연민이라고 쓴다

저녁이 식은 해를 안고 불의 심장 속으로 들어간다
—「매혹의 지도」 전문

화자는 들리지 않는 노래와 머뭇거리는 살을 욕망하지만, 손발과 얼굴은 훼손되었고 소리가 오가던 길도 지워져버렸다. 숲에서 부러뜨려 잃어버린 것은 '바늘=허리'이다. '바늘허리'라는 말도 있듯이, 접히고 구부러지고 다시 펴지는 것은 '바늘'이자 '허리'일 것이다. 그 숲에서 화자는 아무 소리도 듣지 못하고, 빈 동굴은 웅웅거리고, 바람만 세차게 분다. 그때 마음의 뼈에 유리잔 실금처럼 풀여치가 다녀간 흔적은 '매혹의 지도'가 그려지는 최초의 지점이다. 그래서 화자는 "안개의 미세한 떨림"이나 "가느다란 목소리가 남긴 한 획의 연민"이라고 쓴다. 그렇게 흔적과 떨림으로 그려진 지도가 바로 '시(詩)'일 것이다. 순간 "식은 해를 안고 불의 심장 속으로" 들어가는 해거름의 순간은 시인에게 강렬한 매혹으로 다가온다. '매혹'이란 그렇게 실금 같은 흔적과 미세한 떨림, 그리고 가느다란 목소리의 웅웅거림으로 오고, '지도'는 그 매혹과 연민의 힘으로 그려진다.

오래 뒤적거리던 나무 그림자에 불을 질러
꽃 없는 봄을 완성하듯
때로 죽음은 만화방창이다
마침내 당신이 보이지 않는 아침

한 줄기 연기와 살을 버린 소리 몸 섞으며 사라지고
아직 태어나지 않은 빛
터질 듯 달아오르는 돌 속에서 빗살무늬로 수런거릴 때

귀와 눈이 지워지는 무화과나무
맨 처음 진흙 같은 표정으로 구물구물 살아 움직이는

그림자의 가슴에 가만히 손을 얹는다

눈 감지 못한 새벽 두시
지느러미도 없이 다만 빗방울의 차가운 심장과 함께
—「그림자의 문장」 전문

  이 시편에서는 연기와 살을 버린 소리가 사라지고, 아직 태어나지 않은 빛이 터질 듯 달아오르는 돌 속에서 빗살무늬로 수런거린다. 물론 이 사라짐과 수런거림은 모두 '시 쓰기'의 환유적 등가물이다. "맨 처음 진흙 같은 표정"으로 살아 움직이는 그림자의 가슴은 시인의 가슴과 고스란히 겹친다. 그렇게 화자는 "지느러미도 없이 다만 빗방울의 차가운 심장과 함께" 당신이 보이지 않는 아침까지 오래 뒤적거리던 나무 그림자에 불을 질러 '그림자의 문장'을 완성한다. 그것은 마치 "제 몸인 양 바닥의 그림자를 가만히 들여다보던 저녁의 눈"(「역광」)을 증명하는 순간을 담아내는 것과 같은 과정일 것이다. 홍일표 시인은 여러 모양의 '그림자'를 이번 시집에 풀어놓았는데, 가령 그것은 "피가 나지 않는 그림자"(「418호」)나 "그림자는 나보다 눈이 밝다 / 내 미세한 생각의 떨림까지 감지하는 / 뛰어난 성능의 센서를 갖고 있다"(「그림자 재고 정리」) 같은 표현에서 줄곧 나타난다. 모두 시인적 자의식을 표현한 결과가 아닐 수 없다. 이처럼 위 시편들은 시인으로서의 자의식을 깊이 담아냄으로써, '시(詩)'를 향한, '시'에 대한 메타적 탐색 의지를 밀도 있게 드러낸다. 홍일표 시인에게 '시'란 "서로 다른 표정으로 멀어지는 동안 // 구두 굽처럼 고독한 것"(「텍스트」)이지만, 한편으로 그것은 더없이 매혹적인 '지도'이자 새벽 두시까지 씌어지는 '그림자의 문장'이기도 한 것이다.

5. 명백하고 사뭇 모호하게

이렇게 홍일표 시인은 한편에서는 감각의 재구성에 혼신을 기울이고, 다른 한편에서는 시인이란 누구이고 시란 무엇인가 하는 메타적 탐색에 공을 들인다. 이번 시집에서는 구체적 지명이나 인명이 거의 나오지 않는다. 누구든 친숙하게 접할 수 있는 가족이나 고향의 전통적 의미망도 철저하게 걷어버렸다. 등장하는 인물이나 장소나 사물은 모두 일종의 원형적 이미지군(群)을 거느리고 있을 뿐이다. 그러니 구체적 실재보다는 상상적 미감이 훨씬 강도 높게 개입한 것이다. 또한 이번 시집에는 이른바 경구 형식의 '창조적 은유(creative metaphor)'가 많이 활용되었다. "귀는 허기진 동굴"(「콘서트」)이나 "별은 하늘에 고용된 일용직 악사"(「검은 사막」) 같은 간명한 비유로부터, '수평선'을 두고 "바다의 입을 꿰맨 바느질 자국"(「나는 수평선이 불안하다」)이라거나 '저수지'를 두고 "온종일 글썽이는 눈망울"이나 "밀봉되었던 물의 살가죽이 갈라지고 / 이따금 새들이 우편엽서처럼 날아오르는 곳"(「저수지」)이라고 한 비유에 이르기까지, 흡사 잠언(箴言)을 떠올리게 하는 단정하고도 단호한 은유가 많이 구사되었다. 논리적 해명보다는 상상적 점화(點火)를 욕망함으로써 채택된 시적 수사학

이었을 것이다.

어쨌든 많은 이들은 이번 시집을 두고, 홍일표 시인이 어마어마한 인식론적, 방법론적 존재 전환을 감행했다고 느낄 것이다. 시적 연속성보다는 단절과 전환을 기정사실화할 것이다. 그리고 그가 스스로 말한 "나는 골동품 같은 구름이나 기러기를 버린 지 오래"(「안개 통신」)라는 구절을 깊이 각인하게 될 것이다. 하지만 우리는 "공중에 찍혀 있는 발자국처럼 명백하고 사뭇 모호하게"(「무언극」) 발화된 이 시편들을 두고, 하이데거가 "예술은 현존하는 것을 그것 자체로 이끌어내 자신의 모습이 고유하게 드러나도록 하는 행위"(『예술작품의 근원』)라고 말했을 때의 그 '고유함'에 도달하려는 시인의 의지를 읽는다. 그래서 그가 이루어낸 비대칭적 변환이 일종의 미학적 전회이자 가멸찬 진화이기도 하지만 스스로의 존재론적 자의식으로 돌아온 귀환의 감각을 동시에 보여준 것이기도 하다고 생각하게 된다. 이번 시집이 도달한 곳이, 미학적 둔피처(遁避處)가 아니라, 가장 근원적 의미에서의 귀속처(歸屬處)가 될 것이라 생각하는 것이다. 그렇다면 이제 홍일표 시편들은 어떻게 진화해갈까. 이번 시집에서 보여준 실험 정신의 원심력은 서정적 구심력으로 다시 귀일하게 될까. 아니면 더욱 풍부하고도 사뭇 모호한 언술과 목소리로 자신만의 감각과 사유를 더 발본적으로 확장해갈까. 첨예하고도 풍부한 시적 전회와 진화와 귀환의 가능성을 한꺼번에 보여준 이번 시집 이후, 그가 보여줄 시적 보폭과 행로가 새삼 기대되는 까닭이다.

문예중앙시선 016
매혹의 지도

초판 1쇄 발행 | 2012년 4월 30일

지은이 | 홍일표
발행인 | 김우석
제작총괄 | 손장환
편집장 | 원미선
책임편집 | 박성근
편집 | 박민주
마케팅 | 공태훈, 신영병

디자인 | 오필민디자인
인쇄 | 영신사

발행처 | 중앙북스(주)
등록 | 2007년 2월 13일 (제2-4561호)
주소 | (100-732) 서울시 중구 순화동 2-6번지
전화 | 1588-0905
홈페이지 | www.joongangbooks.co.kr

ISBN 978-89-278-0327-0 03810

- 이 책은 중앙북스(주)가 저작권자와의 계약에 따라 발행한 것으로서 저작권법으로 보호받는 저작물이므로 무단 전재와 무단 복제를 금지하며, 이 책 내용의 일부 또는 전부를 이용하려면 반드시 저작권자와 중앙북스(주)의 서면 동의를 받아야 합니다.
- 잘못된 책은 구입처에서 바꾸어드립니다.
- 책값은 뒤표지에 있습니다.